삶에 지친 당신, 쉼이 필요한 당신과 함께 나누고픈 따뜻한 이야기

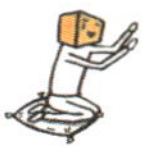
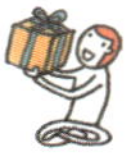
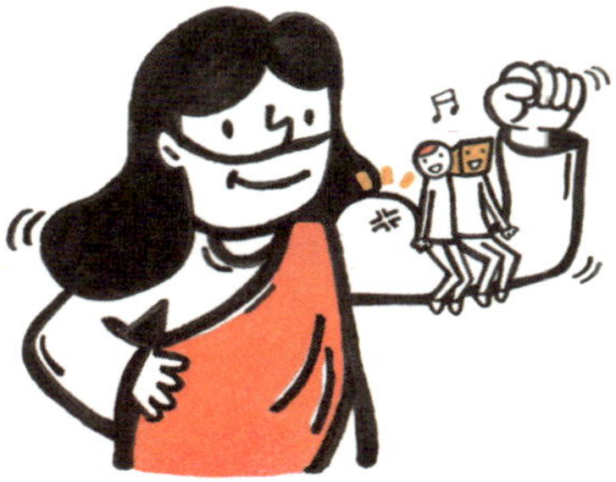
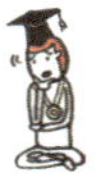
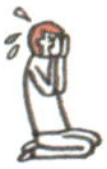
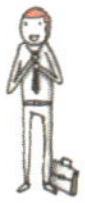
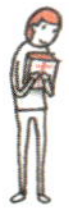
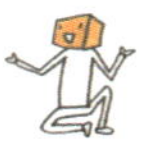

미루나무 그림묵상 2

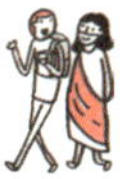
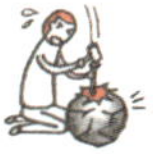

글 · 그림 김민석

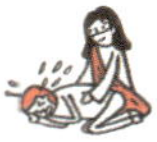

마음지기
Maumjigi

Contents

여는 이야기 | 8

Part 1
곤한 내 영혼

인생의 목적 | 16
관심사 | 18
행복에 대하여 | 20
이성 교제 | 22
문 | 24
문단속 | 26
신앙 매너리즘 | 28
돌아온 아들 | 30
가장 큰 위로 | 32
사랑 | 34
눈물을 닦아 주세요 | 36
어리석음 | 38
순종과 은혜 | 40
영혼의 양식 | 42

오늘의 예배자 | 44
걸림돌 | 46
아프고 병들어서 | 48
나부터 | 50
회개 | 52
날마다 죽기 | 54
JESUS IS ALL | 56
내 영혼을 위한 기도 | 58
주님처럼 | 60
오직 말씀으로 | 62
임마누엘 하나님 | 64
긴지심 | 66
염려보다 먼저 할 것 | 68

Part 2
편히 쉴 곳과

기다리고 기다렸더니 | 72
약속이 있기에 | 74
주님이 앞서는 신앙생활 1 | 76
주님이 앞서는 신앙생활 2 | 78
주님이 앞서는 신앙생활 3 | 80
주님이 앞서는 신앙생활 4 | 82
구원 | 84
영혼 충전 | 86
꿀보다 단 말씀 | 88
말씀에 대하여 | 90
말씀 밑으로 | 92
영원한 말씀 | 94
참 좋으신 분 | 96
말도 안 되는 사랑 | 98

사랑 사랑 사랑 | 100
이상하게 생긴 녀석 | 102
은혜의 식탁 | 104
매일 만나 대일 예수 | 106
삶의 예배 | 108
그리스도의 보혈 | 110
다 표현할 수 없네 | 112
Knowing You | 114
여호와의 집 | 116
주 날개 밑 | 118
예수의 이름은 | 120
믿음의 기적 | 122
주님 말씀하시면 | 124

Part 3

풍랑 일어도

뿌리 | 128
도대체 누구야? | 130
형통의 비밀 | 132
수시로 점검할 것 | 134
더불어 화목하라 | 136
예수님께로 | 138
순종의 걸음 | 140
영혼의 내비게이션 | 142
인간적으로? | 144
기도의 능력 | 146
그래도 감사 | 148
예수가 함께 계시니 | 150
하나님을 가까이 | 152

포기하는 신앙 | 154
무엇으로 만족하나요? | 156
주님 한 분만으로 | 158
나 그리고 나 | 160
헤아릴 수 없는 은혜 | 162
짝사랑 | 164
모든 지식의 근본 | 166
하루의 시작 | 168
하나님의 때 | 170
상황은 상황일 뿐 | 172
마음 쏟아 내기 | 174
십자가를 질 수 있나 | 176
미쁘신 하나님 | 178

Part 4
안전한 포구

주의 영원한 팔 의지해 | 182
벼랑 끝에서 1 | 184
벼랑 끝에서 2 | 186
벼랑 끝에서 3 | 188
벼랑 끝에서 4 | 190
여호와는 나의 피난처 | 192
자유 | 194
어서 돌아가자 | 196
사랑하기 때문에 | 198
온전한 회개 | 200
바벨탑 | 202
엉터리 기도 | 204
자괴감 | 206

붙드심 | 208
비바람 몰아쳐도 | 210
플랜 J | 212
의심 버리고 | 214
예수 인도하시니 | 216
순종의 삶 | 218
그가 찔림은 | 220
예수님의 보혈만이 | 222
거룩함 | 224
문제는 문제가 아니야 | 226
주의 말씀을 내 마음에 | 228
세상을 이기는 믿음 | 230
주 품에 품으소서 | 232

닫는 이야기 | 234

여는 이야기

똑똑--

그분의 노크

당신은 지금

뭘 하고 있나요?

첫발을 내딛는 것은 참 어렵고도 위대한 일이다.
그 위대한 일에 동참해 보자.

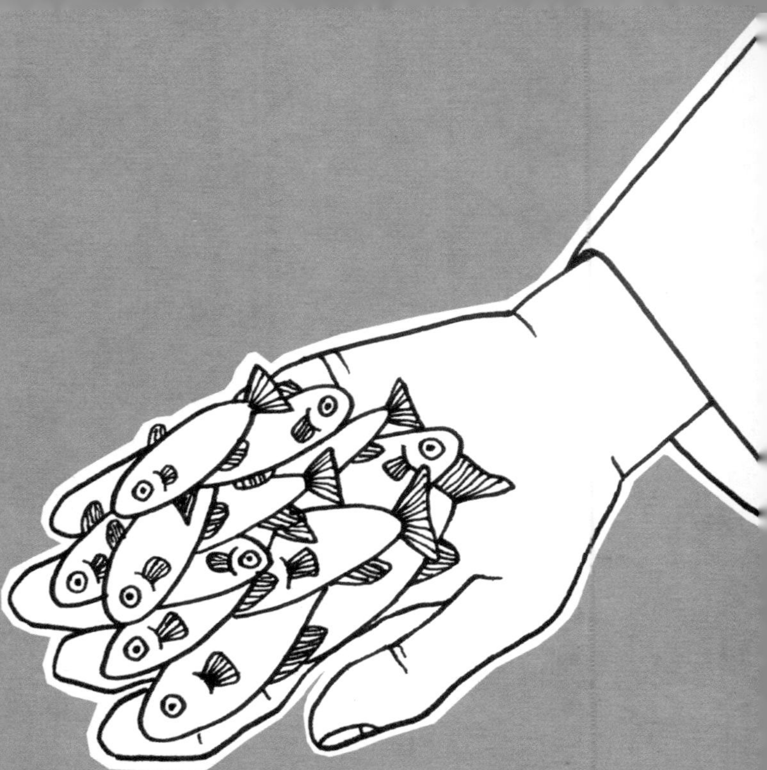

주님

저는 그저

기도만 했을 뿐인데……

은혜의 비가 내립니다.

보혈의 사랑이 나를 따뜻하게 적십니다.

모든 것을 받아주시고

모든 것을 용서하시고

모든 것을 회복하시는

예수님의 품 안에서

편안히 잠듭니다.

Part 1

곤한 내 영혼

인생의 목적

곤한 내 영혼

웨스트민스터 소요리 문답 제1문

문: 사람의 주된 목적은 무엇입니까?
답: 사람의 주된 목적은 하나님을 영화롭게 하고
　　그분을 영원토록 즐거워하는 것입니다.

값으로 산 것이 되었으니 그런즉 너희 몸으로 하나님께 영광을 돌리라

고린도전서 6장 20절

#무얼하며_살아야하나　#무얼위해_살아야하나　#오직_하나님의_영광을_위하여

관심사 ■■■■

당신이 지금 관심을 가지고 있는 것은 무엇인가요?
당신은 요즈음 무엇을 생각하며 살고 있습니까?

곤한 내 영혼

나의 영적 상태 테스트

여기 간단한 방법이 있다.
'요즈음 내가 심취해 있는 것이 무엇인지' 살펴보면,
나의 영적인 상태가 어떠한지 점검할 수 있다.

육신을 따르는 자는 육신의 일을 영을 따르는 자는 영의 일을 생각하나니
육신의 생각은 사망이요 영의 생각은 생명과 평안이니라 - 로마서 8장 5-6절

#불편하더라도 #냉정하게 #지금의_나를_바라보자

행복에 대하여 ▮▮▮▮

> 행복이란 무엇일까?
> 어쩌면 평생동안 붙잡지도 못할거면서 희망고문만 하다가 끝나는건 아닐까

> 아마도 그 행복이라는것을 설계하신분에게 찾아가면 답을 주시지 않을까?

곤한 내 영혼

—
이스라엘이여 너는 행복한 사람이로다 여호와의 구원을 너같이 얻은 백성이 누구냐 그는 너를 돕는 방패시요 네 영광의 칼이시로다 네 대적이 네게 복종하리니 네가 그들의 높은 곳을 밟으리로다 신명기 33장 29절

—
수고하고 무거운 짐 진 자들아 다 내게로 오라 내가 너희를 쉬게 하리라
마태복음 11장 28절

#설계자를_옆에두고 #답없다고_낙심말기

이성 교제 ■■■■

곤한 내 영혼

다른 중요한 문제들 앞에선 기도하며 신중히 접근하면서도,
이성 교제 문제에서만은 끌리는 대로 행동할 때가 많다.

사실 이성 교제는 그 무엇보다 중요한 삶의 문제이기에
진중하게 기도하며 하나님의 뜻을 묻고 또 묻는 것이 옳다.

#자매님_앞에서도_주님께_시선집중

문 ■■■■

주여 바깥문을 닫사오니 제게 말씀하옵소서. 주위가 소란스러울 때에는 아무것도 들을수 없나이다. 이제 저의 마음문을 여오니 제게 속삭이소서. 밖이 아무리 시끄러울지라도 주의말씀을 들을수 있나이다.

-윌리엄 루낭-

곤한 내 영혼

바깥문은 닫고

마음 문은 열고

―
너는 기도할 때에 네 골방에 들어가 문을 닫고 은밀한 중에 계신 네 아버지께 기도하라 은밀한 중에 보시는 네 아버지께서 갚으시리라 마태복음 6장 6절

#주의!_반대로_여닫으면_낭패봄

문단속 ■|||

곤한 내 영혼

잠깐인데 괜찮겠지?
한 번뿐인데 뭐 어때?

그러나 죄는 '패키지 세트'이다.
순식간에 동료들을 데리고 들어와서
당신을 집어삼키려 할 것이다.

망하지 않으려면 문단속을 철저히 해야 한다.

#그러므로_죄에게 #틈을주지_말자

신앙 매너리즘 ■■■■

곤한 내 영혼

아, 나는 비참한 사람입니다!
이 사망의 몸에서 누가 나를 구해 내겠습니까?

로마서 7장 24절, 우리말성경

너희가 나를 택한 것이 아니라 내가 너희를 택해 세운 것이다.
그것은 너희가 가서 열매를 맺어
그 열매가 계속 남아 있게 하려는 것이다.
그러므로 너희가 무엇이든지 내 이름으로 구하면
아버지께서 너희에게 주실 것이다.

요한복음 15장 16절, 우리말성경

#위로하시는_주님_의지하여 #다시한번_일어섭니다

돌아온 아들 ■■■|

곤한 내 영혼

저기……

주님……

저…… 왔어요…….

―
이에 일어나서 아버지께로 돌아가니라 아직도 거리가 먼데 아버지가 그를 보고
측은히 여겨 달려가 목을 안고 입을 맞추니 누가복음 15장 20절

#언제나_달려으시는_주님 #감사합니다

가장 큰 위로 ■■||

지금 내가 만신창이가
되어 있을지라도
나는 아버지의 아들
입니다. 당신께서 만드신
아름다운 걸작품 입니다.
이 진리가 나에게
가장 큰 위로입니다.

곤한 내 영혼

―
내가 여호와의 명령을 전하노라

여호와께서 내게 이르시되

너는 내 아들이라 오늘 내가 너를 낳았도다

시편 2편 7절

#구겨지고_망가져도 #나는_하나님의_아들_딸

사랑 ■■ I I

곤한 내 영혼

아버지께서 나를 사랑하신 것같이

나도 너희를 사랑하였으니

나의 사랑 안에 거하라

요한복음 15장 9절

#날_사랑하심_성경에_써있네

눈물을 닦아 주세요 ■■■■

에구구, 너 많이
힘들었구나. 그동안
어떻게 견뎌냈니.

곤한 내 영혼

어딘가에서 울고 있는 친구

나의 도움이 필요한 친구

늦지 않았습니다.

어서 찾아가서 눈물을 닦아 주세요.

"많이 힘들었지? 이제 와서 미안해."

#내가_울고있을_때 #예수님께서_눈물_닦아주심같이

어리석음 ■■■■

곤한 내 영혼

언제까지 무거운 짐을 짊어지고 있을 거니?

어차피 핸들은 내가 잡고 있단다.

그러니까 이제 믿고 내려놓으렴.

#내려놓으면_되는데 #내려놓아도_되는데

순종과 은혜

왜 우리가
신앙생활 하면서
이렇게 황폐화됩니까?
왜 침체해집니까?
왜 기쁨이 없고
평안이 없습니까?
기도를 안해서 입니까?
물론 그 이유도 있겠죠.
그러나 기도보다 더 큰
이유가 하나 있어요.
순종을 안하기 때문입니다.
순종하는 자에게는
하나님이 은혜를 주십니다.

— 옥한흠 —

곤한 내 영혼

만일 그들이 순종하여 섬기면 형통한 날을 보내며 즐거운 해를 지낼 것이요

욥기 36장 11절

#부어주시는_은혜_순종으로_받기

영혼의 양식 ■■||

배부른 육체
배고픈 영혼

곤한 내 영혼

예수께서 대답하여 이르시되 기록되었으되 사람이 떡으로만 살 것이 아니요 하나님의 입으로부터 나오는 모든 말씀으로 살 것이라 하였느니라 하시니

마태복음 4장 4절

#나의_영혼에_귀를_기울여보자 #꼬르르륵

오늘의 예배자 ■■■■

곤한 내 영혼

과거에 아무리 깊고 심오한 신앙 체험을 했더라도

현재 나의 예배가 메마르고 황폐하다면

쉽게 죄악 가운데 빠져 버리고 만다.

―

그런즉 선 줄로 생각하는 자는 넘어질까 조심하라

고린도전서 10장 12절

#어제의_예배자가_아닌_오늘의_예배자

걸림돌

참된 그리스도인의 삶을 살아가는데 가장 큰 걸림돌은 늘 그렇듯이 나 자신이다.

잠깐! 일단 내 얘길 들어봐

곤한 내 영혼

예배를 가로막고

말씀을 가로막고

순종을 가로막는 것은

남도 아닌

상황도 아닌

나 자신이기에

우리는 언제나 자기 자신을

강하게 경계해야 한다.

#문제는_나

아프고 병들어서 ■■■■

곤한 내 영혼

하나님 아버지,

주님을 아주 진하게 느끼고 싶습니다.

그 놀라운 감격을 맛보길 원합니다.

병들고 아픈 제 영혼을 회복시켜 주옵소서.

#고쳐주세요_주님

나부터 ■■■■

다른 사람을 비판하는 데 참 좋은 도구가 있다.

바로 성경 말씀이다.

그러나 하나님의 말씀은 누구를 위해 존재하는가?

나 회개하라고

나 정결해지라고

나 하나님 앞으로 돌아오라고 있는 것이다.

나를 위한 말씀이다.

―

어찌하여 형제의 눈 속에 있는 티는 보고 네 눈 속에 있는 들보는 깨닫지 못하느냐 마태복음 7장 3절

#나부터_깨닫고_나부터_연단하고

회개

누구나 죄를 지을수 있지만 아무나 회개할수 있는것은 아닙니다.

곤한 내 영혼

예수님은 당신이 회개하며 돌아오기를 기다리고 계십니다.
당신의 삶과 신앙이 회복되기를 원한다면, 먼저 회개해야 합니다.

―
그러므로 너희가 회개하고 돌이켜 너희 죄 없이 함을 받으라 이같이 하면
새롭게 되는 날이 주 앞으로부터 이를 것이요 사도행전 3장 19절

#짊어메고_끙끙대지_말기 #예수님께_가져가기

날마다 죽기 ■■||

내가 가진 것들 중
나의것은 하나도 없으며
모든것이 아버지의
소유임을 고백합니다.
날마다 나를 깨뜨리어
이 사실을 깨닫게
하여 주옵소서.

곤한 내 영혼

형제들아

내가 그리스도 예수 우리 주 안에서

가진 바 너희에 대한 나의 자랑을 두고 단언하노니

나는 날마다 죽노라

고린도전서 15장 31절

#나는죽고_예수로사는_하루하루

JESUS IS ALL ▪▪▪▪

예수님을 소유한 자는 모든 것을
가진자가 된다. 모든것은 나를위해
있는 것이 된다. 좋은일도 나를위해있고
안좋은일도 나를위해 있다. 좋은사람도
나를위해 있고 나를 힘들게하는 사람도
나를위해 있다. 그러므로 참된자유와
진정한 행복은 예수님을
소유하는 것이다.

곤한 내 영혼

과연 예수님 한 분만으로 만족할 수 있을까?
세상 욕심을 다 버리고 예수님만을 나의 주인으로 섬길 수가 있을까?

그렇다. '예수님은 전부'이기에 가능하다.

세상 어느 것을 가져도 세상 전부를 가질 수는 없으나
예수님을 가지면 세상 모든 것을 가질 수 있으니

이보다 더 큰 만족이 있을까.

#예수님을_소유한자 #모든것을_소유한자

내 영혼을 위한 기도

기도는 원하는것을
받기위해 하는 것이
아니다. 기도는 영혼이
살아나기 위함이며
기도는 영혼의 생명줄이다.

곤한 내 영혼

기도하고 있나요?

그렇다면
무엇을 기도하고 있나요?

—
내가 여호와의 이름으로 기도하기를 여호와여 주께 구하오니 내 영혼을 건지소서 하였도다 시편 116편 4절

#징징대는_기도를_뛰어넘어 #영혼이_행복해지는_기도로!

주님처럼 ■■▮▮

곤한 내 영혼

주님이 낮아지신 것처럼
나도 낮아지기 원합니다.

주님이 순종하신 것처럼
나도 순종하기 원합니다.

주님이 기도하신 것처럼
나도 기도하기 원합니다.

주님 안에 살며
주님처럼 살기 원합니다.

#예수그리스도로_옷입게_하소서

오직 말씀으로 ■■||

여호와의 율법은 완전하여
영혼을 소성시키며 여호와의
증거는 확실하여 우둔한 자를
지혜롭게 하며 여호와의 교훈은
정직하여 마음을 기쁘게 하고
여호와의 계명은 순결하여
눈을 밝게 하시도다 (시19:7-8)

곤한 내 영혼

여호와의 율법 - 완전!

여호와의 증거 - 확실!

여호와의 교훈 - 정직!

여호와의 계명 - 순결!

내 영혼을 살리시고

내 눈을 밝게 하시는

주님의 말씀을 사랑합니다.

#말씀으로_돌아가자

임마누엘 하나님

주님은 늘 당신과
함께 계시며 지금도
당신을 보고 계십니다.
이것은 말할수 없는
두려움이며 안정감
입니다.

곤한 내 영혼

두려움으로 인하여 죄를 멀리하고
안정감으로 인하여 평안을 누립니다.

이 귀한 축복은
나와 함께하시는 임마누엘의 하나님을
믿는 믿음에서 시작됩니다.

#혹시_지금도_제곁에_계신가요?

건지심 ■■■■

의인은 고난이 많으나 여호와께서 그의 모든 고난에서 건지시는도다
(시 34:19)

곤한 내 영혼

물에 빠져 허우적대면서도
물살에 휩쓸려 떠내려가지 않음은,

                        그때마다 나의 팔을 꽉 잡아 주시는
                           주 하나님이 계시기 때문입니다.

                           #오늘도_나를_건지시는_아버지

염려보다 먼저 할 것 ■■■■

곤한 내 영혼

—
그러므로

내일 일을 위하여 염려하지 말라

내일 일은 내일이 염려할 것이요

한 날의 괴로움은 그 날로 족하니라

마태복음 6장 34절

#염려하지말고 #먼저_그의나라와_그의의를_구하라

Part 2

편히 쉴 곳과

기다리고 기다렸더니 ■■■■

내가 여호와를 기다리고
기다렸더니 귀를 기울이사
나의 부르짖음을 들으셨도다
나를 기가 막힐 웅덩이와 수렁
에서 끌어올리시고 내 발을
반석 위에 두사 내 걸음을
견고하게 하셨도다 (시 40:1-2)

편히 쉴 곳과

성도의 고난 속에는 하나님의 계획과 뜻이 있다.
하나님의 뜻은 완전하고 선하므로 우리의 고난은 유익하다.

기다리고
기대하며
기도하자.

나를 일으키실 것이다.
우리를 구원하실 것이다.

주님의 발 앞에 모든 헛된 우상은 무너질 것이다.

#부르짖음을_들으시는 #나의_주님을_신뢰합니다

약속이 있기에 ■■||

주님이 계셔서
이 세상을 이기며
살아갈 힘을 얻습니다.
말씀으로 주신 약속이
있기에 용기를 내어
살아갑니다.

편히 쉴 곳과

그가 우리에게 약속하신 것은

이것이니

곧 영원한 생명이니라

요한1서 2장 25절

#주님이_계셔서_참_다행이에요

주님이 앞서는 신앙생활 1 ■■■■

편히 쉴 곳과

—
예수께서 또 말씀하여 이르시되

나는 세상의 빛이니
나를 따르는 자는
어둠에 다니지 아니하고
생명의 빛을 얻으리라

요한복음 8장 12절

#겸손히_아무말없이 #그렇게_주님뒤를_따르기원해요

주님이 앞서는 신앙생활 2

편히 쉴 곳과

"내 삶을 인도해 주세요."
"주님만을 의지합니다."

입으로는 고백하지만
실제로 지켜지는 경우는 거의 없다.

왜 그럴까?

주님이 인도해 주시기를 기다리다가
답답해서, 불안해서, 못 참아서
결국 내가 앞서기 때문이다.

#도저히_못기다리겠어요_주님

주님이 앞서는 신앙생활 3 ■■■■

편히 쉴 곳과

사람들이 종일 내게 하는 말이
네 하나님이 어디 있느뇨 하오니
내 눈물이 주야로 내 음식이 되었도다

내 영혼아 네가 어찌하여 낙심하며
어찌하여 내 속에서 불안해하는가
너는 하나님께 소망을 두라
나는 그가 나타나 도우심으로 말미암아
내 하나님을 여전히 찬송하리로다

시편 42편 3, 11절

#하나님의_때를_기다리는_믿음

주님이 앞서는 신앙생활 4 ■■■■

편히 쉴 곳과

내가 환난 중에서 여호와께 아뢰며
나의 하나님께 부르짖었더니
그가 그의 성전에서 내 소리를 들으심이여
그의 앞에서 나의 부르짖음이
그의 귀에 들렸도다

그가 높은 곳에서 손을 펴사
나를 붙잡아 주심이여
많은 물에서 나를 건져 내셨도다

시편 18편 6, 16절

#기다린_자만이_받을수있는 #오랫동안_준비하신_하나님의선물

구원

너희는 그 은혜에 의하여 믿음
으로 말미암아 구원을 받았으니
이것은 너희에게서 난 것이 아
니요 하나님의 선물이라 행위
에서 난 것이 아니니 이는 누구든
지 자랑하지 못하게 함이라
(엡2:8-9)

믿음으로 말미암아 구원에 이르는 것은 사실.

그러나 그 믿음 역시 하나님이 주시지 않으면
우리가 어찌 가질 수 있을까.

그러므로 모든 것을 거저 받았고
모든 것이 선물이며 모든 것이 은혜다.

그러니 감사 또 감사.

#은혜에의하여_믿음으로받은_하나님의선물

영혼 충전 ■■■■

하루에 세번 꼬박꼬박 밥을 먹고, 스마트폰은 수시로 충전하면서, 당신의 삶은 말씀으로 충전하고 계신가요?

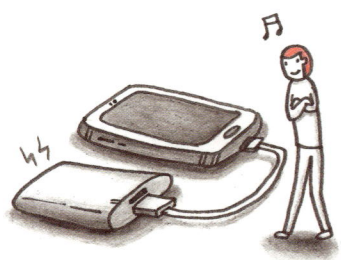

편히 쉴 곳과

일주일에 한 번 드리는 주일예배만으로는
이 어두운 세상에서 버티기 힘듭니다.

가정예배, 수요예배, 금요기도회, 새벽기도라는
보조배터리로 당신을 충전하십시오.

매일 말씀 묵상과 기도 시간을 통해
당신의 삶에 예수님을 충전하십시오.

당신 영혼의 충전이
스마트폰 충전보다 억만 배는 중요합니다.

#당신영혼의_배터리는_몇칸_남았나요

꿀보다 단 말씀 ■■■■

주의 말씀의 맛이
내게 어찌 그리 단지요
내 입에 꿀보다
더하니이다
(시 119:103)

편히 쉴 곳과

나의 영혼이 메마르고 쩍쩍 갈라져
주님을 갈망할 때

꿀 같은 말씀 한 방울이 내 영혼을 적시니
나는 만족합니다.
나는 행복합니다.

이보다 더 달고 맛날 수가 있을까요.

#달고오묘한_말씀_생명의_말씀

말씀에 대하여 ■■■■

왜 교회에선 맨날 말씀, 말씀, 말씀을 왜 이렇게 강조하는거야?

성경은, 신이신 하나님께서 우리들을 위해서 인간의 언어로 계시해주신 유일하고 신비한 책이야. 그리고 생명을 살리고, 삶을 변화시키는 능력이 있는 영의 책이지.

편히 쉴 곳과

하나님의 말씀은 살아 있고 활력이 있어 좌우에 날 선 어떤 검보다도 예리하여 혼과 영과 및 관절과 골수를 찔러 쪼개기까지 하며 또 마음의 생각과 뜻을 판단하나니 히브리서 4장 12절

당신이 생각하는 말씀의 능력은 어떤 것인가요?
혹시 말씀을 과소평가하고 있진 않나요?

#그러므로_아무리_강조해도_지나치지_않음

말씀 밑으로 ■■||

나 자신을 내려놓지 않고 말씀을 읽는다면, 하나님중심이 아니라 나 중심적인 신앙생활에서 벗어날 수가 없다. 말씀 밑으로 내려와야 한다.

왜 하나님은 나에게 아무런 말씀을 하시지 않는걸까

편히 쉴 곳과

겸손한 자는 먹고 배부를 것이며 여호와를 찾는 자는 그를 찬송할 것이라
너희 마음은 영원히 살지어다 시편 22편 26절

나를 버리고 낮은 자리로 내려오면
하나님의 말씀이 보입니다.
말씀만으로 내 영혼이 배부릅니다.

#말씀_위에_앉으려_하지_말자

영원한 말씀 ■■■|

당장 내 눈앞에
보이는 것들은
마치 영원할 것 같지만,
모두 썩어 없어져버릴
일시적인 것입니다.
그러나 오직 주님의
말씀은 영원합니다.

편히 쉴 곳과

그러므로 모든 육체는 풀과 같고

그 모든 영광은 풀의 꽃과 같으니

풀은 마르고 꽃은 떨어지되

오직 주의 말씀은 세세토록 있도다 하였으니

너희에게 전한 복음이 곧 이 말씀이니라

베드로전서 1장 24-25절

#없어질것을_모으느라_영원한것을_놓칠텐가

참 좋으신 분 ■■■|

편히 쉴 곳과

서럽고 힘든 마음에
울며불며 이야기를 쏟아 내고
밤이 새도록 수다를 떨어도,

당신에게 집중하며
당신의 맘과 영혼을 위로해 주시는 분.
가장 선한 길로 멘토링해 주시는 분.

그분은 바로 예수님이십니다.

#내얘기_다들어주시는_참좋으신_나의예수님

말도 안 되는 사랑

편히 쉴 곳과

너희를 박해하는 자를 축복하라
축복하고 저주하지 말라

아무에게도 악을 악으로 갚지 말고
모든 사람 앞에서 선한 일을 도모하라

로마서 12장 14, 17절

#자격없는자_용서하신_그사랑 #나에게도_그사랑을_주옵소서

사랑 사랑 사랑 ■■ㅣㅣ

편히 쉴 곳과

너희는 더욱 큰 은사를 사모하라

내가 또한 가장 좋은 길을 너희에게 보이리라

내가 사람의 방언과 천사의 말을 할지라도

사랑이 없으면 소리 나는 구리와 울리는 꽹과리가 되고

내가 예언하는 능력이 있어 모든 비밀과 모든 지식을 알고

또 산을 옮길 만한 모든 믿음이 있을지라도

사랑이 없으면 내가 아무것도 아니요

내가 내게 있는 모든 것으로 구제하고

또 내 몸을 불사르게 내줄지라도

사랑이 없으면 내게 아무 유익이 없느니라

고린도전서 12장 31절-13장 3절

#가장좋은건_말씀의은사_근데_그보다좋은건_사랑의은사

이상하게 생긴 녀석 ■■II

편히 쉴 곳과

순종도 없고, 삶으로 보이지도 못하면서
말 하나는 그럴싸하게 잘하는 나.

정말이지 입만 살았네요.
주님, 어쩌면 좋을까요.

네……, 알겠어요.
오늘부터 다시 시작할게요.
한 걸음, 한 걸음씩.

#입이_아니라_순종으로_믿음을_증명하자

은혜의 식탁 ■■■■

편히 쉴 곳과

주님이 주실 은혜는 언제나 준비되어 있습니다.

그러나 정작 준비되지 못한 것은 누구입니까?
더러운 손을 씻지 않고 식탁에 앉아 음식을 구하는 것이 누구입니까?
바로 우리가 아닐까요?

먼저 손을 씻으세요.
회개는 은혜의 자리에 나가기 위한 준비입니다.
용서를 구하고 죄의 습관을 끊고 말씀에 순종하세요.

오래전부터, 당신을 위한 은혜의 식탁이 기다리고 있습니다.

#지금_당신의_손은_어떤가요?

매일 만나 매일 예수 ■■■■

만나는 일주일에
6일동안 날마다 새롭게
내렸지만, 오래 보관할수는
없었다. 오늘날 야위고
반쯤 굶주린 그리스도인들이
많은 이유는, 저들이 묵은만나를
먹여 살기 때문이다.
　　　　- D.L. 무디 -

편히 쉴 곳과

우리는 결코 그리스도를 한꺼번에 많이 소유한 뒤,
일생 동안 조금씩 능력을 나눠 쓰며 살아갈 수 없다.

오직 매일매일 새롭게 공급되는 예수 그리스도만이
우리의 영혼과 삶을 풍성하게 한다.

#묵은만나_그만먹고_신선한_매일의만나를_먹자

삶의 예배 ■■■■

만일 여러분이 예배시간에 무언가를 느꼈는데 그것이 참된 감정인지 아닌지를 알고 싶다면, 그것을 시험하는 시간은 예배당에 있을 때가 아닙니다. 그것은 그 다음날에나 가능합니다. -마틴로이드 존스-

삶으로 드리는 예배

행함으로 온전해지는 믿음

이와 같이 행함이 없는 믿음은 그 자체가 죽은 것이라 네가 보거니와 믿음이 그의 행함과 함께 일하고 행함으로 믿음이 온전하게 되었느니라

야고보서 2장 17, 22절

#교회에서만_거룩하다면_온전한믿음이_아닙니다

그리스도의 보혈 ■■■■

내 주의 보혈은 정하고
정하다, 내 죄를 정케
하신 주 날오라 하신다.
내가 주께로 지금가오니
십자가의 보혈로 날 씻어
주소서. -찬254

편히 쉴 곳과

—

예수의 피가 우리를

모든 죄에서 깨끗하게 하실 것이요

요한1서 1장 7절 하

—

그의 피로 말미암아

속량 곧 죄 사함을 받았느니라

에베소서 1장 7절 하

—

피흘림이 없은즉 사함이 없느니라

히브리서 9장 22절 하

#보혈을_지나_하나님_품으로

다 표현할 수 없네 ■■■■

빛 가운데 보좌에 앉아계신
우리 선조의 하나님이시여, 우리의 언어가
얼마나 풍부하고 음악적인지요! 그런데도 주의
기이함을 말하려 하면 우리의 언어가 얼마나 초라해
보이고, 우리의 언변이 얼마나 조잡해 보이는지 모릅니다.
삼위일체 하나님의 경외로운 신비를 생각할 때
우리는 손으로 입을 막습니다. 저 불타오르는 덤불
앞에서 우리가 구하는 것은 이해하는 것이
아니라 주 곧 삼위일체 한 하나님을
합당하게 경배하는 것뿐입니다.

— A.W. 토저 —

편히 쉴 곳과

여호와께서 이 일을 행하셨으니

하늘아 노래할지어다
땅의 깊은 곳들아 높이 부를지어다

산들아 숲과 그 가운데의 모든 나무들아
소리 내어 노래할지어다

이사야 44장 23절 상

#말로표현할수없는_나의하나님_나의예수님_나의성령님

Knowing You ■■■■

그러나 무엇이든지 내게 유익하던것을 내가 그리스도를 위하여 다 해로 여길 뿐더러 또한 모든 것을 해로여김은 내 주 그리스도 예수를 아는 지식이 가장 고상하기 때문이라
(빌 3:7-8)

편히 쉴 곳과

나의 만족과 유익을 위해 가지려 했던 세상일들
이젠 모두 다 해로 여기고 주님을 위해 다 버리네

내 안에 가장 귀한 것 주님을 앎이라
모든 것 되시며 의와 기쁨 되신 주

사랑합니다

「나의 만족과 유익을 위해」 1절

#원곡_Graham_Kendrick의_Knowing_You

여호와의 집

내가 여호와께 바라는
한 가지 일 그것을 구하리니
곧 내가 내 평생에 여호와의 집에
살면서 여호와의 아름다움을
바라보며 그의 성전에서
사모하는 그것이라
(시 27:4)

편히 쉴 곳과

바리새인들이

하나님의 나라가 어느 때에 임하나이까 묻거늘

예수께서 대답하여 이르시되

하나님의 나라는 볼 수 있게 임하는 것이 아니요

또 여기 있다 저기 있다고도 못하리니

하나님의 나라는 너희 안에 있느니라

누가복음 17장 20-21절

#주예수와_동행하니_그어디나_하늘나라

주 날개 밑

주 날개 밑 내가 편안히 쉬네
밤 깊고 비바람 불어쳐도
아버지께서 날 지켜주시니
거기서 편안히 쉬리로다.
- 찬 419

편히 쉴 곳과

주 날개 밑 평안하다

그 사랑 끊을 자 뉘뇨

주 날개 밑 내 쉬는 영혼

영원히 거기서 살리

―

나를 눈동자같이 지키시고 주의 날개 그늘 아래에 감추사 시편 17편 8절

#주날개밑_나의피난처_참된기쁨_영원한안식

예수의 이름은 ■■■■

편히 쉴 곳과

이러므로 하나님이 그를 지극히 높여
모든 이름 위에 뛰어난 이름을 주사
하늘에 있는 자들과 땅에 있는 자들과
땅 아래에 있는 자들로
모든 무릎을 예수의 이름에 꿇게 하시고
모든 입으로 예수 그리스도를 주라 시인하여
하나님 아버지께 영광을 돌리게 하셨느니라

빌립보서 2장 9-11절

#영원토륵_부를_존귀한이름_예수

믿음의 기적 ■■││

편히 쉴 곳과

―

예수께서 즉시 손을 내밀어

그를 붙잡으시며 이르시되

믿음이 작은 자여 왜 의심하였느냐 하시고

마태복음 14장 31절

#주님_믿고_물위를_걷기

주님 말씀하시면 ■■■■

편히 쉴 곳과

뜻하신 그곳에 나 있기 원합니다
이끄시는 대로 순종하며 살리니
연약한 내 영혼 통하여 일하소서
주님 나라와 그 뜻을 위하여
오 주님 나를 이끄소서

「주님 말씀하시면」

#주님의_말씀따라_살아가는_삶

Part 3

풍랑 일어도

뿌리

혹시 예수님을 믿는 것만으로
충분하다고 생각하시나요?
우리는, 우리의 삶을 예수그리스도에
깊이 뿌리박고 살아가야 합니다.

겉으로 볼 땐 멀쩡해 보여도
뿌리가 없으면 바람에 쓰러집니다.
뿌리가 없으면 곧 시들고 맙니다.
뿌리가 없으면 더 자라지 못합니다.

주님께 깊이깊이 뿌리박고 살아가세요.
태풍을 이겨 내고 파릇파릇한 이파리를 유지하세요.

말씀을 쭉쭉 흡수하며 성장하고
값진 열매를 주렁주렁 맺는
참 그리스도인이 되시기를 축복합니다.

#깊이_뿌리내리는_영성

도대체 누구야? ■ ■ ■ |

정말 간절하고
뜨거웠었는데
언제 그랬냐는듯이
은혜도 감사도 다 식어버렸
어요. 누군가가 물을
끼얹은 것 같아요.

풍랑 일어도

누구야?

누구지?

누구긴 누구야, 바로 나지.

내가 죄를 끼얹었지.

#그래놓고_남탓_그래놓고_상황탓

형통의 비밀 ■■■■

이 율법책을 네 입에서 떠나지 말게 하며 주야로 그것을 묵상하여 그 안에 기록된 대로 다 지켜 행하라 그리하면 네 길이 평탄하게 될 것이며 네가 형통하리라 여호수아 1장 8절

죄를 멀리하며 나의 뜻과 생각을 비울 때
하고 싶은 것과 갖고 싶은 것을 포기할 때
그때에 하나님께서 일하십니다.
그때에 내 삶에 응답과 은혜가 나타납니다.

이것이 바로 형통의 비밀입니다.

#내맘대로신앙_어서 #주뜻대로신앙_으로

수시로 점검할 것 ■■||

내가 주님을
사용하느냐
내가 주님께
사용받느냐

풍랑 일어도

우리는 이 문제를
잘 생각해 보고 수시로 점검해야 한다.

교회라는 모임을 통해
예수라는 이름을 통해

내 자리를
내 믿음을
내 이름을 드러내고 있지는 않은가.

나는 정말 주님께 사용받고 있는가.

#찔림_그리고_반성

더불어 화목하라

요즘 사람들을 보면
"나한테 조금이라도 피해
주기만해봐. 똑같이 갚아
줄테니까" 라고 생각하며
미리부터 싸울준비를 하고
있는것 같다. 그래서인지
살짝만 스쳐도 난리가난다.

―
서로 마음을 같이하며

높은 데 마음을 두지 말고

도리어 낮은 데 처하며

스스로 지혜 있는 체하지 말라

할 수 있거든

너희로서는 모든 사람과 더불어 화목하라

로마서 12장 16, 18절

#싸울준비_말고_섬길준비_하자 #예수님처럼

예수님께로 ■■ I I

풍랑 일어도

나는 마음이 온유하고 겸손하니

나의 멍에를 메고 내게 배우라

그리하면 너희 마음이 쉼을 얻으리니

이는 내 멍에는 쉽고 내 짐은 가벼움이라 하시니라

마태복음 11장 29-30절

#약은_약사에게_무거운짐은_예수님께

순종의 걸음 ■■||

말씀이 걸으면
나도 걷고
말씀이 멈추면
나도 멈추고

풍랑 일어도

우리가 우리 하나님 여호와의 목소리를 순종하면

우리에게 복이 있으리이다 하니라

예레미야 42장 6절 하

#걷는것도_멈추는것도 #오직_하나님뜻_따라서

영혼의 내비게이션 ■■■■

나는 길치입니다.

내비게이션 없이는 갔던 길도 잘 가지 못합니다.

그래서 오른쪽으로 가라고 말하면 오른쪽으로 가고

왼쪽으로 가라고 말하면 왼쪽으로 갑니다.

행여 돌아가는 길처럼 느껴져 의심이 되더라도,

일단은 내비게이션이 시키는 대로 합니다.

말을 듣지 않고 내 느낌대로 갔다가,

한참을 헤맨 적이 여러 번 있었기 때문입니다.

나는 삶의 여정에서도 지독한 길치입니다.

같은 실수를 계속 반복하고도 여전히 또 실수합니다.

이런 나에게 말씀은 영혼의 내비게이션입니다.

손해 보는 것 같고 이해가 안 가더라도,

말씀대로 따르는 것이 내게 은혜가 되고 큰 복이 됩니다.

순종 안에서 기쁨과 자유를 누립니다.

#내비게이션이_있으니까_안심 #말씀이_있으니까_든든

인간적으로? ■■||

인간적으로 생각해볼때 기독교는 너무 이기적이야. 자기들 말만 옳다고하고 다른이들의 말은 들으려 하지않아.

맞아.

자기들에게만 구원이 있다는 것이 얼마나 웃기는 소리야!

일단 기독교를 '인간적'으로 생각하는것 자체가 이상한거야. **신**이신 하나님을 믿고 하나님을 인생의 주인으로 생각하는 것이 기독교잖아.

하나님적으로 생각해봐야 한다는거지

풍랑 일어도

'믿음'은 말 그대로 믿는 것입니다.

알고 믿는 것은 '인간적'이지만
믿음이 아닙니다.

몰라도 믿는 것이 '하나님적'인 것이며,
그것이 믿음입니다.

#믿음은_바라는것들의실상_보이지않는것들의증거

기도의 능력

기도를 멈추면
싸움도 멈춘다. 기도는
신자의 무장을 빛내게 한다.
아무리 연약한 성도라도
그가 무릎을 꿇는 것을 보면
사탄은 두려워 떤다.

-윌리엄 쿠퍼-

풍랑 일어도

너희가 내 안에 거하고

내 말이 너희 안에 거하면

무엇이든지 원하는 대로 구하라

그리하면 이루리라

요한복음 15장 7절

#기도의능력_무릎의능력_나의능력예수님

그래도 감사 ■ I I I

풍랑 일어도

—
아무것도 염려하지 말고

다만 모든 일에 기도와 간구로,

너희 구할 것을 감사함으로 하나님께 아뢰라

그리하면

모든 지각에 뛰어난 하나님의 평강이

그리스도 예수 안에서

너희 마음과 생각을 지키시리라

빌립보서 4장 6-7절

#이래도감사_저래도감사 #언제나감사_그래서감사

예수가 함께 계시니

예수가 함께 계시니 시험이
오나 겁없네 기쁨의 근원 되시는
예수를 위해 삽시다. 날마다 주를
섬기며 언제나 주를 기리고 그 사랑
안에 살면서 딴길로 가지 맙시다.
 - 찬 325

풍랑 일어도

주님이 함께하시니

나는 무엇도 두렵지 않습니다.

내가 두려운 한 가지는,

주님이 나와 함께하신다는 사실을

망각하는 것입니다.

#주님이_내길을_예비하시니 #걱정도_염려도_겁도_안나요

하나님을 가까이 ■■■■

돈을 벌기위해 무엇이든 하려고 하고, 훌륭한 외모를 갖기위해 뼈를깎는 고통도 참는다. 지위와 명성을 얻기 위해서 온갖 수모도 이겨내고, 더 나은 삶을 위해 이 모든것을 묵묵히 해낸다. 그런데, 그런데... 더 온전한 그리스도인이 되기 위해서 대체 무얼하고 있는가?

풍랑 일어도

―
하나님을 가까이하라

그리하면 너희를 가까이하시리라

죄인들아 손을 깨끗이 하라

두 마음을 품은 자들아 마음을 성결하게 하라

야고보서 4장 8절

#마음을_성결히_하나님을_가까이

포기하는 신앙 ■■■|

풍랑 일어도

버려야 할 것들을 버리지 않는다면

결코 날아오를 수 없다.

―

너희 염려를 다 주께 맡기라 이는 그가 너희를 돌보심이라 베드로전서 5장 7절

#포기하는신앙_그것은_주님을신뢰하는신앙

무엇으로 만족하나요? ■■■■

당신의 내면이
무엇으로 채워져 있을때,
위로와 만족을 얻습니까?
다시말해서 무엇이
채워지지 않으면, 불안
하고 걱정됩니까?

풍랑 일어도

사람을 보며 세상을 볼 땐

　만족함이 없었네~

나의 하나님 그분을 뵐 땐

　나는 만족하였네~

#주님한쿧만으로_내영혼만족하네

주님 한 분만으로 ■ ■ | |

주님...,
주님, 저는
주님 한분만으로
충분합니다.

풍랑 일어도

공부

사랑

우정

돈

외모

이 모든 것들이 주님 아래에 있음을 고백합니다.

그러므로 이것들이 나에게 없을지라도

나는 주님 한 분만으로 충분합니다.

#충분하다 : 모자람이없이넉넉하다

나 그리고 나

풍랑 일어도

분명 둘 다 내 모습이 맞는데

왜 이렇게 다른 걸까?

#다른그림찾기_난이도 ★☆☆☆☆

헤아릴 수 없는 은혜 ■■││

용서하시고
용서하시고
용서하시고
또 용서하시고
참으시고
참으시고
참으시고
또 참으시는
당신은 도대체
누구십니까?
어떻게 이것이
가능하단
말입니까?

주께서는 용서하시는 하나님이시라 은혜로우시며 긍휼히 여기시며
더디 노하시며 인자가 풍부하시므로 그들을 버리지 아니하셨나이다

느헤미야 9장 17절 하

못나디못난 저를

매번 용서해 주시고

매번 참아 주셔서

참 감사하고 참 다행입니다.

그 사랑의 은혜로

오늘도 주님 앞에 나아갑니다.

#용서하시는주님_참으시는주님_감사합니다

짝사랑

예수님을 닮아가는 것은 어떻게보면 간단합니다. 예수님처럼 짝사랑, 일방적인 사랑을 하면 됩니다. 예수님께서 우리를 사랑하신 그 마음을 품고 다른 사람들을 일방적으로 사랑한다면 자연히 예수님의 인격과 성품을 닮아가지 않겠습니까?
— 이춘복 목사

풍랑 일어도

―
그가 우리를 위하여 목숨을 버리셨으니

우리가 이로써 사랑을 알고

우리도 형제들을 위하여

목숨을 버리는 것이 마땅하니라

요한1서 3장 16절

#사랑은_언제나_오래참고 #사랑은_언제나_온유하며

모든 지식의 근본

여호와를 경외하는 것이
지식의 근본이어늘 미련한
자는 지혜와 훈계를 멸시
하느니라   (잠언 1:7)

풍랑 일어도

이 세상의 모든 책을

밤낮 공부해 지식을 쌓을지라도

만물의 근원이신 하나님을 알지 못한다면

아무것도 모르는 것과 같다.

하나님을 경외함이

모든 지식의 근본이기 때문이다.

#가장중요한것 #하나님을_경외하는것

하루의 시작 ■■■■

풍랑 일어도

―
아침에 나로 하여금
주의 인자한 말씀을 듣게 하소서
내가 주를 의뢰함이니이다
내가 다닐 길을 알게 하소서
내가 내 영혼을 주께 드림이니이다

시편 143편 8절

#내일_아침부턴_반드시_큐티하자

하나님의 때

> 범사에 기한이 있고 천하만사가 다 때가 있나니 하나님이 모든 것을 지으시되 **때를 따라** 아름답게 하셨고 또 사람들에게는 영원을 사모하는 마음을 주셨느니라 그러나 하나님이 하시는 일의 시종을 사람으로 측량할 수 없게 하셨도다
> 〈전 3:1, 11〉

풍랑 일어도

하나님만큼 인생의 타이밍을 정확하게 아시는 분은 없습니다.
그런데도 너나없이 지금 당장 무슨 좋은 일이 벌어지길 기대합니다.
'나중'이라는 말을 참지 못합니다.
'하나님의 때'란, 준비가 되었다고 하나님이 인정하시는 시기를 말합니다.
스스로 모든 요건이 다 갖춰졌다고 판단하는 시점이 아닙니다.

조이스 마이어, 『하나님, 도대체 언제입니까?』 중

우리가 선을 행하되 낙심하지 말지니
포기하지 아니하면 때가 이르매 거두리라

갈라디아서 6장 9절

#기다리고_기다리고_기다리자

상황은 상황일 뿐

내 영혼아 네가 어찌하여 낙심하며 어찌하여 내 속에서 불안해 하는가 너는 하나님께 소망을 두라 그가 나타나 도우심으로 말미암아 내가 여전히 찬송하리로다 (시42:5)

풍랑 일어도

사람을 찾고
세상을 찾고
썩어질 것에서 답을 구하면
낙심하고 불안합니다.

성경을 찾고
하나님을 찾고
영원한 것에서 답을 구하면
소망을 갖게 되고 기쁨이 넘칩니다.

#구름을_걷으시는 #예수님께_소망두기

마음 쏟아 내기 ▪▪▪▪

하나님께 마음을 쏟아내는 작업은 안전하다. 시간의 제한을 받지 않는다. 24시간 중에서 언제든지 하나님을 만날수 있다. 하나님은 성도의 기도가 아무리 오래 걸려도 그만하라고 하지 않으신다. 단지 우리가 답답한것은 하나님이 눈에 보이지않고 귀에 음성이 들리지 않기 때문이다. 그러나 영혼의 눈으로 보며 영혼의 귀로 세미한 음성을 들을때 큰 위로를 경험할수 있다. 새로운 인식과 변화를 경험할수 있다.

- 이관직 -

풍랑 일어도

콸콸콸콸

콸콸콸콸

나를 가장 잘 아시는 내 아버지께

나의 마음을 다 쏟아 냅니다.

—

귀를 지으신 이가 듣지 아니하시랴 눈을 만드신 이가 보지 아니하시랴

시편 94편 9절

—

내 음성으로 하나님께 부르짖으면 내게 귀를 기울이시리로다

시편 77편 1절 하

#답답한_나의_마음을 #하나님앞에_모두_쏟아내자

십자가를 질 수 있나

십자가를 질수있나
주가 물어보실때 죽기까지
따르리 성도 대답하였다.
우리의 심령 주의것이니
주님의 형상 만드소서
주인도따라 살아갈
동안 사랑과 충성
늘 바치오리다
　　　　　-찬461

풍랑 일어도

―
예수께서 대답하여 이르시되

너희는 너희가 구하는 것을 알지 못하는도다
내가 마시려는 잔을 너희가 마실 수 있느냐

그들이 말하되

할 수 있나이다

마태복음 20장 22절

#십자가_견장_달았으니 #이제는_십자가의삶을

미쁘신 하나님

사람이 감당할 시험 밖에는 너희가 당한 것이 없나니 오직 하나님은 미쁘사 너희가 감당하지 못할 시험당함을 허락하지 아니하시고 시험당할 즈음에 또한 피할 길을 내사 너희로 능히 감당하게 하시느니라
(고린도전서 10:13)

풍랑 일어도

피할 길을 내시는 주님

능히 감당하게 하시는 주님

미쁘신 나의 주님

든든한 나의 주님

언제나 감사 또 감사

#이말씀_굳게잡고 #오늘도_일어섭니다

Part 4

안전한 포구

주의 영원한 팔 의지해 ■■■■

곤한 내 영혼 편히
쉴 곳과 풍랑 일어도
안전한 포구. 폭풍
까지도 다스리시는
주의 영원한 팔 의지해.
주의 영원하신 팔
함께하사 항상 나를
붙드시니 어느 곳에
가든지 요동하지 않음은
주의 팔을 의지함이라.
-찬406

안전한 포구

—
내가 두려워하는 날에는
내가 주를 의지하리이다

시편 56편 3절

#폭풍을_다스리시는_주님 #내마음도_다스려주소서

벼랑 끝에서 1 ■■■■

안전한 포구

내 힘으로는 아무것도 할 수 없었어.
벼랑 끝에 선 것처럼 길이 보이지 않았어.

그제야 느낀 거지만,
내게는 그분을 의지하는 것 외에 다른 방법이 없었어.

#보이던_길이_보이지않을_때 #보디지않던_주님을_바라보자

벼랑 끝에서 2

안전한 포구

두렵고 떨렸지만,

그분의 말씀을 믿고 뛰어내렸어.

#분명_길이_아닌데 #길이라_말씀하시니

벼랑 끝에서 3 ■■▮▮

안전한 포구

말씀이 나를 살리셨어.

말씀대로 했더니 말씀이 이루어진 거야!

#결코_나를_떠나지_아니하시며 #버리지_아니하실_것임이라

벼랑 끝에서 4 ■■■|

안전한 포구

그 말씀은 이제 나를 자유케 해!

분명 갈 곳이 없어 보였는데
분명 내가 선 곳은 벼랑 끝이었는데
길이 나타났어. 길이 열렸어.

하늘 길!

#벼랑_끝 #하늘길_시작

여호와는 나의 피난처 ■■■■

안전한 포구

두렵고 무서울 때

힘들고 지쳤을 때

더는 혼자서 맞설 용기가 나지 않을 때

여호와께로 피하자.

말씀 가운데로 들어가자.

주님께서 반드시 위로하시고

보호하시며 힘을 주시고 이기게 하신다!

#나의_요새시요_나를_건지시는_이시요 #피할_나의_바위시요_나의_방패시요

자유 ■ | | |

물고기가 자유를 찾고자
물 밖으로 나가면 어떤
일이 벌어지겠는가?
물고기는 오직 물속에 있을
때만 자유를 갖는다.
물 밖은 죽음 뿐이다.

안전한 포구

우리의 인생은 하나님 안에서 살도록 지음받았다.
그러나 누군가가 하나님을 떠나 스스로 살고자 한다면
그 인생은 망한 인생이 되고 만다.

진정한 자유는 하나님 안에서 살아가는 것이다.
우리 모두는 그렇게 설계되었다.

진리를 알지니 진리가 너희를 자유롭게 하리라 요한복음 8장 32절

#물고기는_물속에서_자유를 #나는_하나님안에서_자유를

어서 돌아가자 ■ I I I

안 전 한 포 구

기다리시는 하나님께로 돌아가자.
아버지는 우리의 결단을 요구하며 기다리고 계신다.
좋은 것을 주시는 하나님께로 어서 돌아가자.

너는 말씀을 가지고 여호와께로 돌아와서 아뢰기를 모든 불의를 제거하시고 선한 바를 받으소서 우리가 수송아지를 대신하여 입술의 열매를 주께 드리리이다 호세아 14장 2절

#주님_목빠지시겠다

사랑하기 때문에 ■■■■

안전한 포구

나를 사랑하시기에 때론 훈육하시는 주님.

이러한 하나님의 징계는
나를 순금같이 연단하시는 하나님의 큰 뜻이기에
은혜이며 감사할 제목이다.

그러므로 우리는 아플 때에
나보다 더 아파하시는 사랑의 주님을 볼 수 있어야 한다.

당신은 아플 때에 누구를 찾아가는가.
우리가 그분께 돌아간다면
주님은 우리를 낫게 하실 것이며, 상처를 싸매어 주실 것이다.

그분의 사랑을 신뢰하자.

#여호와_라파 #나는_너희를_치료하는_여호와임이라

온전한 회개 ■■■|

회개는 죄를 고백하는 것으로
끝나는 것이 아니라, 나의 삶의
모든 것이 주님의 것임을
인정하는 것이다.

안전한 포구

그러므로 우리는 회개와 동시에
내 것인 양 차지하고 앉아 있는 자리를
주님께 당장 돌려드려야 한다.

내려와야 한다. 바닥으로······.

#행동하는_회개 #삶으로_말하는_회개

바벨탑 ■■■■

당신은 스스로의 명예를 위해서 살아 가고 있진 않습니까. 자신의 이름을 더 높이기 위해 바벨탑을 쌓고 있진 않나요?

안전한 포구

당신은 무엇을 위해

그렇게 열심히 살고 있나요?

—
또 말하되 자, 성읍과 탑을 건설하여 그 탑 꼭대기를 하늘에 닿게 하여 우리 이름을 내고 온 지면에 흩어짐을 면하자 하였더니 창세기 11장 4절

#높아질수록_사람들은_감탄 #높아질수록_주님은_탄식

엉터리 기도 ■■■■

안전한 포구

하나님의 마음과 시선에는 관심조차 갖지 않고

내 생각과 뜻에 이끌려 구하고 싶은 대로 구하는 기도

그럼에도 내 기도를 들어주실 거라 굳게 믿는 믿음

당신의 기도는

무엇을 구하고 있습니까?

#우리_모두 #주님마음에_합한_기도를

자괴감 ■■||

안전한 포구

그렇게 다짐하고 또 다짐했었는데,
오늘 하루도 제 안에는 예배자의 모습이 없었어요.
죄로 범벅이 되어 추하게 얼룩진 모습만 있었어요.

하나님…….
나의 주님…….
그래도 여전히 이런 저를 사랑해 주셔서 감사합니다.

#사랑해요_주님

붙드심 ■■■■

그는 넘어지나 아주 엎드러지지 아니함은 여호와께서 그의 손으로 붙드심이로다 (시37:24)

안전한 포구

상황에 따라 주님의 손을 놓아 버리는

나의 손

어떤 상황에도 내 손을 결코 놓지 않으시는

주님의 손

볼지어다 내가 세상 끝 날까지 너희와 항상 함께 있으리라 하시니라

마태복음 28장 20절 하

#붙드신_주님손이_내소망입니다

비바람 몰아쳐도 ■■■■

안전한 포구

넘어짐을 통해

'나의 약함'을 알게 하시니 감사합니다.

쓰러짐을 통해

'주님께 의지할 수밖에 없음'을 알게 하시니 감사합니다.

그러므로 나는

'감사하며' 다시 일어섭니다.

#넘어져도_낙심말고 #감사하며_일어서기

플랜 J ■■■■

안 전 한 포 구

나의 생각이 아닌

나의 계획이 아닌

나의 욕심이 아닌

오직 하나님의 뜻이

나의 삶 가운데

그리고 이 땅 가운데

온전히 이루어지기를 기도합니다.

#내가세운_플랜AtoZ는_아이고_의미없다

의심 버리고 ■■■■

이 눈에 아무증거 아니뵈어도

믿음만을 가지고서 늘 걸으며

이 귀에 아무소리 아니 들려도

하낼의 약속 위에 서리라

안전한 포구

걸어가세 믿음 위에 서서

나가세 나가세 의심 버리고

걸어가세 믿음 위에 서서

눈과 귀에 아무 증거 없어도

찬송가 545장

이는 우리가 믿음으로 행하고 보는 것으로 행하지 아니함이로라

고린도후서 5장 7절

#미쁘신_하나님께서_이미_증거를_주셨네

예수 인도하시니 ■■■■

내 갈길 다가도록
예수인도 하시니
내 주 안에 있는 긍휼
어찌 의심 하리요.
믿음으로 사는자는
하늘위로 받겠네
무슨일을 만나든지
만사 형통하리라
—찬384

안전한 포구

무슨 일을 만나든지

만사형통하리라~

아멘!

흑암과 사망의 그늘에서 인도하여 내시고 그들의 얽어 맨 줄을 끊으셨도다
시편 107편 14절

#영영부를_나의찬송_예수인도하셨네

217

순종의 삶 ■■||

이 어두운 시대 가운데 우리가 예수님께 본받아야 할 모습은, 그분은 모든 삶 가운데서 하나님의 뜻에 순종하며 사셨다는 것이다.

안전한 포구

너희 안에 이 마음을 품으라
곧 그리스도 예수의 마음이니

그는 근본 하나님의 본체시나
하나님과 동등됨을 취할 것으로 여기지 아니하시고

오히려 자기를 비워 종의 형체를 가지사
사람들과 같이 되셨고

사람의 모양으로 나타나사 자기를 낮추시고
죽기까지 복종하셨으니 곧 십자가에 죽으심이라

빌립보서 2장 5-8절

#나도_예수님_본받아 #순종의_삶_살기를

그가 찔림은

> 그가 찔림은 우리의 허물
> 때문이요 그가 상함은 우리의
> 죄악 때문이라 그가 징계를
> 받음으로 우리는 평화를 누리고
> 그가 채찍에 맞음으로 우리가
> 나음을 받았도다 우리는 다
> 양 같아서 그릇 행하여 각기
> 제 길로 갔거늘 여호와께서는
> 우리 모두의 죄악을 그에게
> 담당시키셨도다 (사 53:5-6)

안전한 포구

나를 위해 고통당하신 예수님의 고난을 묵상할 때
내 가슴이 뜨거워지기 원합니다.
내 영혼이 목메어 울기 원합니다.

그 믿을 수 없는 사랑에 대하여 조금이라도 알 수 있기를
간절히, 간절히 원합니다.

#대체_제가_뭐ㄹ-고__그렇게까지_하셨나요

예수님의 보혈만이 ■■■■

―

그 아들 예수의 피가 우리를 모든 죄에서 깨끗하게 하실 것이요

요한1서 1장 7절 하

안전한 포구

#구제불능_돌덩이마음_녹여주세요_주님

거룩함

거룩함은 하나님의 성품 중 가장 본질적인 것이며, 우리가 닮아야 할 가장 중요한 것이다. 만약 당신이 거룩을 추구하지 않는다면, 성령을 받지 못한 불신자일 가능성이 크다.

안전한 포구

—
나는 너희의 하나님이 되려고
너희를 애굽 땅에서 인도하여 낸 여호와라
내가 거룩하니 너희도 거룩할지어다

레위기 11장 45절

#오주님_아버지의_거룩함을_닮기_원합니다

문제는 문제가 아니야 ■■■■

안전한 포구

내가 너희에게 말하기를
그들을 무서워하지 말라 두려워하지 말라

너희보다 먼저 가시는 너희의 하나님 여호와께서
애굽에서 너희를 위하여 너희 목전에서 모든 일을 행하신 것같이
이제도 너희를 위하여 싸우실 것이며

신명기 1장 29-30절

#문제_그위로_올라서는_믿음의기도

주의 말씀을 내 마음에 ■■■■

내가 주께
범죄하지 아니
하려 하여 주의
말씀을 내 마음에
두었나이다
〈시119:11〉

안전한 포구

하루에도 몇 번씩 나를 넘어뜨리려는 온갖 죄의 유혹

그것들에 걸려 넘어지지 않기 위해서는

내 마음 앞에 말씀을 두고

누구도 얼씬하지 못하게 하는 것뿐입니다.

#내마음의_든든한_경호원

세상을 이기는 믿음 ■■■■

안전한 포구

믿음으로 살 때
오늘도 감사

믿음으로 살 때
오늘도 승리

믿음으로 살 때
오늘도 천국의 삶

#의인은_믿음으로_말미암아_살리라

주 품에 품으소서 ■■||

안전한 포구

거친 파도 날 향해 와도
주와 함께 날아오르리

폭풍 가운데 나의 영혼
잠잠하게 주를 보리라

「주 품에 품으소서」 1절

#아기에게_엄마의품이 #세상에서가장_안전한것처럼

닫는 이야기

내가 어디에 가든지

요동하지 않는 것은

주의 영원하신 팔을 의지하기 때문입니다.

이 율법책을 네 입에서 떠나지 말게 하며 주야로 그것을 묵상하여 그 안에 기록된 대로 다 지켜 행하라 그리하면 네 길이 평탄하게 될 것이며 네가 형통하리라 _여호수아 1장 8절

우리에게 주신 성경은

은혜의 언약이고

구원의 계시이며

사랑의 증거이다.

이 영원한 진리를

꽉 붙잡고 소망 안에서

살아가는 것.

무엇이 이보다 더 중요할까.

초판 1쇄 발행 | 2016년 12월 13일
초판 3쇄 발행 | 2018년 3월 7일

지은이 | 김민석
발행처 | 마음지기
발행인 | 노인영
기획 · 편집 | 박은희
디자인 | 박옥
제목 손글씨 | 유혜은
등록번호 | 제25100-2014-000054(2014년 8월 29일) 주소 | 서울시 구로구 공원로 3, 208호 전화 | 02-6341-5112~3 FAX | 02-6341-5115 이메일 | maum_jg@naver.com * 이 도서의 국립중앙도서관 출판예정도서목록(CIP)은 서지정보유통지원시스템 홈페이지(http://seoji.nl.go.kr)와 국가자료공동목록시스템(http://www.nl.go.kr/kolisnet)에서 이용하실 수 있습니다.(CIP제어번호: CIP2016029832)

※ 책 값은 뒤표지에 있습니다.
※ 잘못 만들어진 책은 바꿔 드립니다.
※ 이 책은 저작권법에 의해 보호를 받는 저작물이므로 무단 전재 및 무단 복제를 금합니다.

ISBN 979-11-86590-17-1 03230

마음지기는 여러분의 소중한 꿈과 아이디어가 담긴 원고 및 기획을 기다립니다.

마음지기는

성공은 사람을 넓게 만듭니다. 그러나 실패는 사람을 깊게 만듭니다. 마음지기는 성공을 통해 그 지경을 넓혀 가고, 때때로 찾아오는 어려움을 통해서 영의 깊이를 더해 갈 것입니다. 무슨 일에든지 먼저 마음을 지킬 것입니다.
높은 산꼭대기에 있는 나무의 뿌리가 산 아래 있는 나무의 뿌리보다 깊습니다. 뿌리가 깊기에 견고히 설 수 있습니다. 마음지기는 주님께 깊이 뿌리내리고 그 어떤 상황에서도 주님을 찬양할 것입니다.
"하나님과 가까이 교제하고 교감하는 사람은 그렇지 못한 사람보다 더 행복하다"라고 마시 시머프는 말했습니다. 마음지기는 하나님과 교감하고 교제하기 위해서 하루 24시간을 주님과 동행할 것입니다.

"모든 지킬 만한 것 중에 더욱 네 마음을 지키라 생명의 근원이 이에서 남이니라" 잠언 4:23